FAMILIA MALA

SATURNUS ET IUPPITER

A LATIN NOVELLA

BY

ANDREW OLIMPI

Comprehensible Classics
VOL. 5

Comprehensible Classics Press
Dacula, GA

Discipulis meis
quot sunt
quot fuerunt
quot in futuris erunt temporibus

Author's Preface

This volume marks the first in a series entitled: "Familia Mala." The aim of this new series is to retell and reimagine various myths about one of literature's most famous dysfunctional family: the Titans and gods of Greek and Roman legend. Despite these myths being pretty standard topics in many Latin classes, there really is a dearth of approachable, comprehensible adaptations of this material for beginning readers. Some excellent volumes exist, but are more appropriate for high-intermediate or advanced readers.

As with other volumes in this series, I have attempted to increase the readability of the text for the novice Latin reader in the following ways:

(1) I frequently employ word-order deliberately similar to modern language word-order to clear up ambiguities (while trying to stay within the bounds of good *Latinitas*).

(2) I also strived to keep my sentences short. I have not "sheltered" grammatical elements, but rather have employed whatever verbs, nouns, or turns of phrase are most clear and vivd in the moment.

(3) I did shelter vocabulary usage. The text assumes that the reader is familiar with roughly eighty-eight common Latin words (some of which are recognizable cognates).

(4) I also provided generous vocabulary help throughout the text, establishing meaning though pictures and footnotes. At all times, I have strived to err on the side of *comprehensibility*.

I would like to thank the Latin I students in my 2017-18 class for test reading an early version of the present text, and for my Latin III students who gave me useful ideas for improvement. I would also like to thank Lance Piantaggini and Todd Shandelman for their careful proofreading of the manuscript and insightful comments.

Andrew Olimpi
Hebron Christian Academy, 2018

Familia Mala: Saturnus et Iuppiter
"The Bad Family: Saturn and Jupiter"

Series: Comprehensible Classics #5

Comprehensible Classics Press
Dacula, GA

Revised Edition: July 2020

ISBN-13: 978-1986448611
ISBN-10: 1986448614

ABOUT THE SERIES:

Comprehensible Classics is a series of Latin novels for beginning and intermediate learners of Latin. The books are especially designed for use in a Latin classroom which focuses on communication and Comprehensible Input (rather than traditional grammar-based instruction). However, they certainly are useful in any Latin classroom, and could even provide independent learners of Latin interesting and highly readable material for self-study.

Filia Regis et Monstrum Horribile
Comprehensible Classics #1:
Level: Beginner

Perseus et Rex Malus
Comprehensible Classics #2:
Puer Ex Seripho, Vol. 1
Level: Intermediate

Perseus et Medusa
Comprehensible Classics #3:
Puer Ex Seripho, Vol. 2
Level: Intermediate

Via Periculosa
Comprehensible Classics #4
Level: Beginner-Intermediate

Familia Mala: Saturnus et Iuppiter
Comprehensible Classics #5
Level: Beginner

Labyrinthus
Comprehensible Classics #6
Level: Beginner

Ego, Polyphemus
Comprehensible Classics: #7
Level: Beginner

Daedalus et Icarus: A Tiered Latin Reader
Comprehensible Classics #8
Level: Advanced

Duo Fratres (Familia Mala II)
Comprehensible Classics #9
Level: Beginner

Pandora (Familia Mala III)
Comprehensible Classics #10
Level: Beginner

The Mysterious Traveler: A Medieval Play about St. Nicholas: A Tiered Reader
Comprehensible Classics #11
Level: Advanced

Reckless Love: The Story of Pyramus and Thisbe
A Tiered Latin Reader
Comprehensible Classics #12
Level: Advanced

Vox in Tenebris
Comprehensible Classics #13
Level: Intermediate

Lars Romam Odit
Comprehensible Classics #14
Level: Beginner

UPCOMING TITLES:
(Subject to Change)

Eques Viridis (Volumes I and II)

Io, Puella Fortis (Volumes I and II)

CAPITULUM I:

Sāturnus

Ego sum
Sāturnus.

Ecce pictūra. Tū vidēs mē in pictūrā?

Ego falcem in manū meā habeō. Falx est magica.

Māter mea mihi falcem dedit. Ego mātrem meam amō.

Fortasse[1] tū putās mē esse deum. Rīdiculum! Ego nōn sum deus. Ego nōlō esse deus!

Deī et deae sunt malī et crūdēlēs et . . . sed illa est **alia fābula.**[2]

---

[1] fortasse: *maybe*

[2] alia fabula: *another story*

Ego nōn sum deus. Ego **Tītānus**[3] sum!

Fortasse[4] tū dīcis: "Quid est 'Tītānus'?"

Nōs Tītānī sumus antīquī. Nōs erāmus **priōrēs**[5] quam hominēs. Nōs erāmus priōrēs quam deī. Nōs erāmus priōrēs quam . . . omnia!

---

[3] Titanus: *a titan*

[4] fortasse: *perhaps*

[5] priores: *earlier*

Ecce pictūra.

In pictūrā est pater meus.

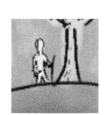 Minimē—pater meus *nōn* est ille vir parvus in terrā.

Vidē **sūrsum**[6].

---

[6] sursum: *up, upwards*

Fortasse tū dīcis: "Pater tuus in caelō est."

Ego: "Minimē, pater meus nōn est in caelō. Pater meus est **Caelum ipsum**.[7]"

Ecce pater meus. Pater meus vocātur "Ūranus."

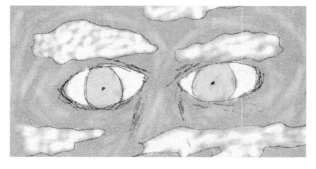

---

[7] Caelum ipsum: *the Sky itself*

Ōlim
pater meus
erat rēx.

Sed ille erat crūdēlis et malus.

Ōlim ego quoque eram rēx, sed haec est **alia fābula.**[8]

Fortasse tū dīcis: "Quis erat māter tua?"

---

[8] alia fabula: *another story*

Ego:"Māter mea quoque est in pictūrā."

Tū dīcis: "Est māter tua

in hāc arbore?"

9

Estne māter tua . . .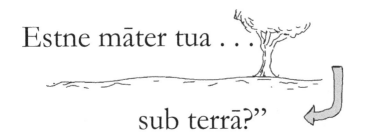

sub terrā?"

Ego: "Hahahae! Māter mea nōn in hāc arbore est. Neque ea est sub terrā. Māter mea est **Terra ipsa.**[9]

Māter mea vocātur "Gāia."

---

[9] Terra ipsa: *the Earth itself*

Māter mea nōn est crūdēlis et mala sīcut pater. Ea est bona!

Māter mē amat . . .

et ego eam amō!"

CAPITULUM II:

Māter Terra

Ego sum Gāia.

Ego sum
māter terrae.

Multī hominēs putant mē esse crūdēlem.

Ego nōn sum crūdēlis!

Immō[10] ego omnia dō!

Ego flōrēs et frūgēs dō...

Ego quoque dō arborēs

et

cibum!

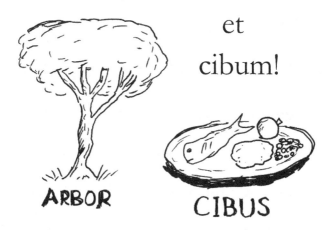

---

[10] immo: *rather, on the contrary*

13

Ego magnam familiam habeō. Ego familiam meam amō!

Ecce fīlius meus: Cyclōps est.
Cyclōps ūnum oculum in mediō capite habet.

In manū ille malleum habet.

Ecce alius
fīlius meus.
Ille vocātur
    Briārius.
    Briārius **gigas**[11] est
magnus et fortis. Gigas
Briārius nōn habet . . .

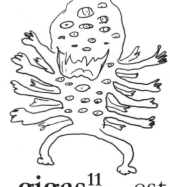

. . . ūnum oculum

. . . sīcut frāter Cyclōps.

---

[11] gigans: *a giant*

15

Ille **centum**[12] manūs . . .

et centum oculōs habet!

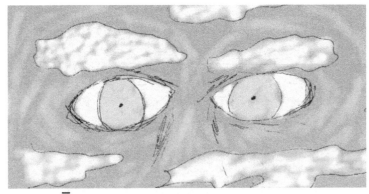

Ecce Ūranus.

Ūranus est Caelum.

Ōlim Ūranus erat vir meus. Ōlim ego Ūranum amāvī, et Ūranus quoque mē amāvit.

Sed erat **multōs annōs abhinc.**[13] Multōs annōs.

Ōlim Ūranus dīxit:

"Ō Gāia, ego tē amō! Ego putō tē esse pulchram. Ego volō tē esse uxōrem meam.

---

[13] multos annos abhinc: *many years ago*

Ego erō rēx,

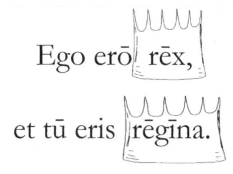

et tū eris rēgīna.

Ego et tū erimus laetī!"

Multōs annōs ab-hinc,[14] ego eram pulchra. Sed ego nōn eram sapiēns! Multōs annōs abhinc ego volēbam esse rēgīna.

---

[14] multos annos abhinc: *many years ago*

Ego respondī:

"Certē, tū **vidēris esse**[15] amīcus et pulcher. Ego erō uxor tibi."

Ōlim ego et ille erāmus laetī. Ego putābam **nōs futūrōs esse laetōs**[16] . . .

---

[15] videris esse: *you seem to be*

[16] nos futuros esse laetos: *we would always be happy*

Capitulum III
Māter Terra

Sed Ūranus erat rēx crūdēlis. Ille nōn amāvit momnēs fīliōs meōs. Ecce mōnstra:

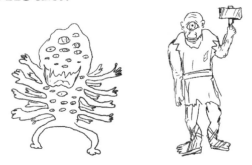

Ūranō nōn placent mōnstra mea!

Ōlim rēx Ūranus in mōnstra pugnāvit.

Ūranus et mōnstra pugnābant et pugnābant!

Ūranus **posuit**[17] mōnstra (īnfantēs meōs!) in Tartarō!

---

[17] **posuit:** *put, placed*

Tartarus est **carcer**[18] malus.

Tartarus est

sub terrā!

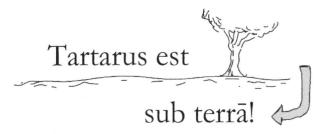

Ēheu!

Īnfantēs meī in carcere sunt! Mōnstra īnfantēs trīstēs sunt!

---

[18] carcer: *a prison*

Mōnstra mātrem volunt!
Ego sum īrāta. Ego
iūstitiam[19] volō!

---

[19] iustitiam: *justice*

Capitulum IV
Sāturnus

Ōlim māter ad mē in sēcrētō īvit.

Māter: "Ō mī fīlī. Pater tuus posuit īnfantēs meōs in carcere!

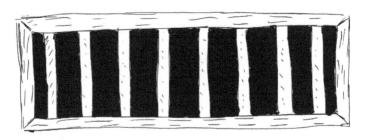

Ego volō iūstitiam![20]

---

[20] iustitiam: *justice*

Ego **cōnsilium**²¹ habeō!"

Ego: "Ō māter, quid est cōnsilium tuum?"

Māter: "Ego **tēlum**²²

sēcrētum

habeō.

Ecce falx

magna et **acūta!**²³"

---

²¹ consilium: *a plan*

²² telum: *weapon*

²³ acuta *sharp*

Ego: "Quid tū vīs, Ō
māter?"

Māter: "Pugnā in patrem
tuum.

Deinde **falce vulernā**[24]
patrem."

Patre vulerātō,[25]
tū eris rēx!"

---

[24] falce vulnera: *wound (your father) with the scythe*
[25] patre vulnerato: *after your father has been
wounded*

Ego: "Tū vīs mē esse rēgem?!"

Māter: "Ō mī fīlī! Tū nōn eris crūdēlis sīcut pater tuus! **Sūme**[26] falcem, et vulnerā patrem!"

Māter Gāia mihi falcem dat.

Ego falcem sūmō.

Falx est magna.

---

[26] sume: *pick up*

Ego multōs frātrēs et sorōrēs habeō. sunt Tītānī sīcut ego.

Ego ad frātrēs et sorōrēs eō.

Ego: "Ō frātrēs et sorōrēs! Pater **noster**[27] est malus et crūdēlis! Māter mihi falcem dedit. **Adiuvāte**[28] mē!"

Aliī Tītānī mē adiuvant.

---

[27] noster: *our*

[28] adiuvate: *help!*

Capitulum V
Sāturnus

Aliī Tītānī et ego ad patrem īmus. Pater Ūranus nōs videt, et timidus est!

Ūranus: "Ō mī fīlī et fīliae! Quid vos vultis? Cūr vōs omnēs ad mē ītis?"

Deinde Ūranus falcem meam videt.

Ūranus: "Ō Sāturne, cūr tū habēs falcem??"

Ego nōn respondeō. Aliī Tītānī nōn respondent. Aliī Tītānī patrem Ūranum **prehendunt.**[29]

Ego falcem habeō, et . . .

---

[29] prehendunt: *grab hold of, seize, apprehend*

. . . ego patrem **vulnerō!**[30]

Ego vulnerō patrem falce meā.

Iam pater meus nōn est rēx.

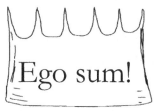

Ego sum!

---

[30] vulnero: *I wound*

Ecce, soror mea:

Soror mea
vocātur "Rhēa."
Rhēa est Tītāna
   pulchra.

Mihi placet Rhēa!

Ego: "Ō Rhēa, ego tē
amō! Ego putō tē esse
pulchram."

Rhēa: "Sed . . . sed tū es
frātrer meus . . .

Ego: **"Nōn refert!**[31] Tū es fēmina . . ."

Rhēa: "Certē, mī frāter, sed . . .

Ego: "Et nōn est alia fēmina pulchrior tē . . ."

Rhēa: "Certē, mī frāter, sed . . ."

Ego: "Ō Rhēa, ego volō tē esse uxōrem meam. Ego erō rēx, et tū eris rēgīna mea."

---

[31] non refert: *it doesn't matter!*

Rhēa respondit: "Certē, mī frā—uh, **marīte!**[32] Ego erō uxōr tibi!"

Iam ego uxōrem pulchram habeō!

Ego Rhēam **semper**[33] amābō.

---

[32] marite: *husband*

[33] semper: *always*

Ego sum rēx! Ego semper erō rēx! Ego nōn erō rēx crūdēlis sīcut pater meus.

Ego erō rēx bonus . . .

Capitulum VI

Rhēa

Ēheu! Ego difficultātem habeō. Sāturnus *nōn* est rēx bonus. Sāturnus est rēx malus et crūdēlis sīcut pater!

Ōlim ego et Sāturnus erāmus laetī. Ecce pictūra!

Sed . . .

. . . mox fīlia īnfāns **nāta est.**[34]

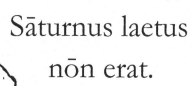

Īnfāns erat "Cerēs." Cerēs erat pulchra. Mihi placēbat Cerēs!

Ego laeta eram.

Sāturnus laetus nōn erat.

---

[34] nata est: *was born*

Sāturnus: "Ō uxor mea! Quid est? Fīlia?? Ego nōlō fīliās! Ego nōlō fīliōs! Ego nōn sum laetus! Īrātus sum!"

Ego: "Ō mī Sāturne! Cur tū es īrātus? Ecce fīlia tua Cerēs. Cerēs est pulchra! Ea īnfāns est!

Ea nōn est mōnstrum! Īnfāns est laeta. Nōlī esse īrātus!"

Sed rēx Sāturnus suspīciōsus erat.

Sāturnus: "Īnfāns mihi nōn placet! Ego nōlō īnfantem! Ego nōlō fīliam!"

Deinde . . .

deinde . .

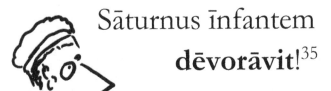

Sāturnus īnfantem **dēvorāvit!**[35]

Ēheu!

---

[35] devoravit: *devoured*

Capitulum VII
Rhēa

Ēheu!

Ōlim Sāturnus erat bonus rēx . . .

. . . sed iam īnsānus est!

Sāturnus est **tam īnsānus ut**[36] ille īnfantēs dēvoret!

---

[36] tam insanus ut: *so insane that* . . .

41

Prīmum ille īnfantem Cererem dēvorāvit!

Deinde alia īnfāns nāta est. Īnfāns **altera**[37] erat Vesta. Ecce Vesta.

Vesta pulchra erat. Sed Sāturnus eam **cēpit**[38] . . .

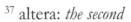

---

[37] altera: *the second*

[38] cepit: *grabbed, seized, captured*

. . . et īnfantem secundam dēvorāvit!

Deinde alia īnfāns nāta est! Īnfāns tertia erat Iūnō!

Sāturnus nōn est tam īnsānus ut ille dēvoret trēs īnfantēs . . .

Ēheu! Ille cēpit
et dēvorāvit īnfantem
tertiam, Iūnōnem!

Ō īnfantēs miserābilēs!

Erant trēs īnfantēs in
stomachō Sāturnī!

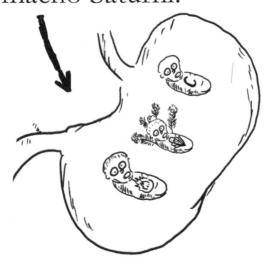

Alius īnfāns nātus est. Ecce īnfāns quārtus Plūtō:

Hic īnfāns erat bonus. Rēx Sāturnus nōn est tam īnsānus ut ille quārtum īnfantem dēvoret . . .

Ēheu! Īnsānus erat!

Sāturnus īnfantem cēpit et dēvorāvit . . . sīcut trēs sorōrēs.

Iam quattuor īnfantēs in stomachō Sāturnī erant.

Quīntus īnfāns nātus est. Īnfāns quīntus erat puer sīcut Plūtō.
Īnfāns erat
Neptūnus.

Neptūnus erat pulcher sīcut Vesta. Ille quoque erat bonus sīcut Cerēs et Plūtō.

Sāturnus nōn est tam īnsānus ut . . .

Certē, īnsānus est!

Rēx malus cēpit et dēvorāvit īnfantem quīntum, Neptūnum!

Ecce—quīnque īnfantēs erant in stomachō Sāturnī!

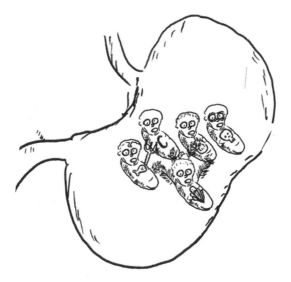

Iam sextus īnfāns nātus est. Hic īnfāns est bonus sīcut frātrēs et sorōrēs. Hic īnfāns nōn est malus sīcut pater.

 Hic īnfāns est Iuppiter.

Sāturnus: "Ō Rhēa! Ego sciō tē habēre īnfantem sextum! Ego volō īnfantem sextum . . . dēvorāre!

Hahahae!"

Ēheu! Ego trīstis sum!

Ego nōlō Sāturnum dēvorāre īnfantem sextum **Iovem**[39] . . . .

---

[39] Iovem = *Iuppiter*

Capitulum VIII
Iuppiter

Ego sum Iuppiter.

Ego nōn iam sum īnfāns. Ego sum adultus. Ego sum in īnsulā parvā.

Māter mea est bona. Mihi placet mater. Māter mē sēcretō in īnsulā posuit. Pater Sāturnus nescit mē esse in hāc īnsulā.

Ōlim pater meus—rēx Sāturnus—volēbat mē dēvorāre! Māter mea erat sapiēns. Māter mea **cōnsilium cēpit.**[40]

---

[40] consilium cepit: *seized a plan, came up with a plan*

Māter: "Ego **dābō**[41]
Sāturnō īnfantem. Ego
dābō Sāturnō **saxum!**[42]"

Māter Rhēa saxum
Sāturnō **dedit**.[43]

Pater meus īnsānus erat!
Sāturnus saxum dēvorāvit.

---

[41] dabo: *(I) will give*

[42] saxum: *a rock*

[43] dedit: *gave*

Sāturnus putābat saxum esse īnfantem!

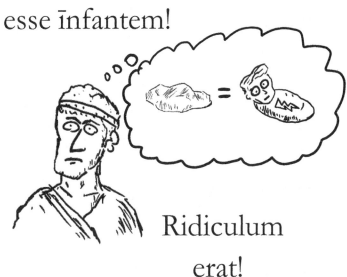

Ridiculum erat!

Pater erat crūdēlis, sed nōn sapiēns!

Sed iam ego sum in hāc īnsulā.

Quoque in hāc īnsulā est **nūtrīx**[44] mea. Nūtrīx est Amalthēa. Nūtrīx mea nōn est dea. Nūtrīx nōn est Tītāna. Ea est animal. Amalthēa est capra!

Ecce capra
habet
duo cornua.
Cornua sunt
magna et pulchra.

Cornua

capra

---

[44] nutrix: *nurse*

Ōlim ego et Amalthēa **ludēbāmus**.[45] Ego eram īnfāns, sed fortis! Nōn eram īnfāns mortalis, sed īnfāns deus! Ego nesciēbam mē esse fortem. Ego ūnum cornū **prehensī,**[46] et . . . .

. . . ego eram **tam fortis ut**[47] ego cornū frangerem.

---

[45] ludebamus: *(we) were playing*
[46] prehensi: *I grabbed hold of*
[47] tam fortis ut: *so strong that*

Sed erat mīrāculum!

Ex cornū fractō effluit magna cōpia[48]

frūgium et vīnī et cibī.

Magna   cōpia   cibī   erat

---

[48] ex cornu fracto effluit magna copia: *out of the horn flowed a large amount (of)* ...

ubīque![49] Nōn erat cornū ōrdinārium.

Erat "Cornūcōpia."

Iam ego adultus sum. Ego volō esse rēx.

---

[49] ubique: *everywhere*

Ego erō **melior**[50] rēx
quam pater. Ego sum
fortior quam pater. Sum
sapientior quam pater.

Mox ego erō rēx . . .

---

[50] melior: *better*

Capitulum IX
Rhēa

Ecce Iuppiter. Iuppiter nōn iam est īnfāns! Iuppiter ad mē it.

Iuppiter:

"Ō māter, pater est crūdēlis. Ille frātrēs meōs et sorōrēs meās dēvorāvit! Ego volō frātrēs et sorōrēs **servāre!**[51]"

---

[51] servare: *to save*

Ego: "Pater tuus est crūdēlis—et īnsānus. Ego cōnsilium habeō."

Ecce, ego pōculum habeō.

In pōculō est vīnum.

Sāturnō placet vīnum cōnsūmere. Iam nōn est vīnum **sōlum**[52] in pōculō. Ecce—in pōculō quoque est **venēnum!**[53]

---

[52] solum: *alone*
[53] venenum: *poison*

Ego Sāturnō vīnum dō. Sāturnus nescit venenum esse in vīnō! Sāturnus vīnum (et venēnum!) cōnsūmit.

Sāturnus: "Vīnum est bonum! Vīnum bonum mihi placet!"

Sed eī nōn placet venēnum! Subitō Sāturnus aegrōtat!

Sāturnus aegrōtat et aegrōtat et aegrōtat . . .

Tandem Sāturnus ex stomachō fīliōs vomit!

Ille fīlium Neptūnum vomit. Deinde vomit fīlium Plūtōnem!

Deinde vomit fīliam

Iūnōnem! Deinde vomit fīliam Vestam! **Tandem**[54] vomit fīliam Cererem!

Fīliī et fīliae nōn iam sunt in stomachō patris.

---

[54] tandem: *at last*

Eīs nōn placēbat esse in stomachō patris!

Fīliī et fīliae īrātī erant!

Capitulum X
Iuppiter

Erat **bellum**.[55] Bellum erat magnum et longum. Deī in Tītānōs pugnant. Tītānī in deōs pugnant.

Pugnant et pugnant et pugnant . . . Ego sum **dux**.[56] Ego fortis

---

[55] bellum: *a war*
[56] dux: *the leader*

sum! Ego fortiter pugnō!

Sed ego sēcrētum habeō.
Ecce in Tartarō sunt
Cyclōpēs.

Cyclōpēs sunt sapientēs.
Cyclōpēs **tela**[57] faciunt.
Deus Neptūnus ad Tartarum it. Cyclōpēs nōn iam
in carcere sunt!

---

[57] tela: *weapons*

Illī nōn iam captīvī sunt! Iam Cyclōpēs labōrant in mōnte Aetnā.

Mōns Aetna est **officīna**.[58] In officīnā Cyclōpēs labōrant et labōrant. Cyclōpēs faciunt multa arma . . . magica! Ecce arma:

fulmen,

tridēns,

---

[58] officina: *a workshop*

et galea.

Ego fulmen habeō.
Neptūnus tridentem habet.
Plūtō galeam habet.

Sed . . . difficultās est.
Sāturnus est immortālis.
Deī immortālēs sunt.
Tītānī immortālēs sunt.

Omnēs immortālēs sunt!

Omnēs
pugnant et pugnant!

Sed . . .

ego **cōnsilium**[59] capiō. Quoque in Tartarō sunt mōnstra. Mōnstra sunt captīva. Mōnstra sunt horribilia et mala. Sed mōnstrīs nōn placent Sāturnus et Tītānī.

Neptūnus ad Tartarum it. Mōnstra nōn iam sunt captīva in Tartarō.

---

[59] consilium: *a plan*

Ecce . . . mōnstrum
horribile:

Hoc mōnstrum est
Briārius.

Briārius nōn est
mōnstrum ōrdinārium.
Ecce! Ille multās manūs
habet.

Ille quoque multōs oculōs habet!

Mōnstrum Briārius fortis est! Mōnstra ad Tītānōs eunt. Mōnstra in Tītānōs pugnant. Tītānī sunt fortēs, sed . . . mōnstra sunt fortiōra quam omnēs Tītānī!

Ego et deī et mōnstra victōrēs sumus!

Capitulum XI
Sāturnus

Ēheu!

Deī (nōn Tītānī) victōrēs sunt!

Ego trīstis sum. Ōlim ego eram rēx. Iam ego sum nihil! Ego nōn sum victor. Iam Tītānī in Tartarō sunt. Omnēs captīvī sunt!

Iam Iuppiter . . .

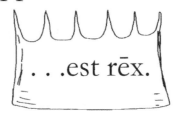

. . .est rēx.

Ego nihil habeō. Ego nihil sum. Ego nōn sum in Tartarō. Ego nōn sum captīvus.

Ego sum in **exiliō**.[60] Ecce! Haec terra est Ītalia. In Ītaliā sunt multī hominēs. Hominēs nōn sunt immortālēs, sed mortālēs.

---

[60] exilio: *exile*

Mihi non placent homines, sed . . .

Quid est?

Templum est.

Est templum magnum et pulchrum. Statua deī est in templō.

Minimē, nōn
est statua deī,
est . . . statua
　Tītānī!?

Statua est meī!
　Meī?? Sāturnī??
　Hominēs　　Ītalī　　mē
amant. Hominēs putant
mē esse fortem et bonum!
Ītalī putant mē esse rēgem
bonum! Ītalī **bellum**[61] nōn

---

[61] bellum: *war*

habent. Nōn est bellum in Ītaliā. **Pāx**[62] est in Ītaliā!

Est **Aetās Aurea!**[63]

Quid est hoc? **Fasti**[64] sunt!

Quī diēs est? Ecce!

Est diēs septendēcimus (XVII) Decembris. **Diēs fēstus**[65] est. Nōmen diēī fēstō est . . . Sāturnālia?!

Omnēs Italī diem fēstum Sāturnālia celebrant. Omnēs Italī *mē* celebrant! Mihi placet diēs fēstus!

Quōmodo Italī mē celebrant? Ecce! Omnēs **pilleōs**[66] in capite habent.

---

[65] dies festus: *a holiday*
[66] pilleos: *hats, caps*

Omnēs cibum et vīnum
cōnsūmunt.

Sunt multae candēlae!

Omnēs exclāmant:

"Iō Sāturnālia!"

Ecce **convīvium**.[67]

Ego in convīviō sum!

In convīviō statua
mea cibum habet.

In convīviō statua
mea vīnum habet. Omnēs
hominēs in convīviō mē
celebrant.

Iam ego
laetus sum!

---

[67] convivium: *party, celebration*

Glossary

A

abhinc: *ago*

acer: *sharp*

ad: *to, towards*

adiuvant: *they help*

adiuvate: *help!*

adultus: *adult*

aegrotat: *is sick*

aetas: *age*

alia: *others*

alii: *others*

alius: *other, another*

altera: *another*

amabo: *I will love*

amant: *they love*

amat: *she/he loves*

amavi: *I loved*

amavit: *she/he loved*

amicus: *friend*

amo: *I love*

animal: *animal*

annos: *years*

antiqui: *ancient, old*

arbore: *tree*

arbores: *trees*

arma: *arms, weapons*

aurea: *golden*

B

bellum: *war*

benigna: *kind*

bona: *good*

bonum: *good*

bonus: *good*

C

caelo: *the sky*

caelum: *the sky*

candelae: *candles*

capio: *I capture*

capite: *in his/her head, on his/her head*

capra: *a goat*

captiva: *captive*

captivi: *captives*

carcer: *prison*

carcere: *prison*

celebrant: *celebrate*

cepi: *I seized, grabbed*

captivus: *captive,prisoner*

carcer: *prison*
celebrant: *(they) celebrate*
centum: *a hundred*
cepit: *seized*
certe: *certainly, "yes"*
cibi: *of food*
cibum: *food*
consilium: *a plan*
consumere: *consumes*
consumit: *s/he consumes*
consumunt: *they consume*
convivio: *a feast, party*
convivium: *a feast, party*
copia: *an abundance, a large amount*
cornu: *horn*
cornua: *horns*
cornucopia: *a cornucopia*
crudelem: cruel
crudelis: *cruel*
cur: *why*

D
dabo: *I will give*

dat: *she/he gives*
dea: *goddess*
decembris: *December*
dedit: s/he *gave*
dei: *gods*
deinde: *then, next*
deos: *gods*
deum: *god*
deus: *god*
devorare: *to devour*
devoravit: *she/he devoured*
devoret: *she/he devours*
dicis: *you say*
diei: *days*
diem: *day*
dies: *day*
dies festus: *a holiday*
difficultas: *difficulty, problem*
difficultatem: *difficulty, problem*
dixit: *said*
do: *I give*
duo: *two*
dux: *leader*

E

ea: *she*

eam: *her*

ecce: *look! behold!*

effluit: *flowed out*

ego: *I*

eheu: *alas! Oh no!*

ei: *to him, to her*

ei placet: *she/he likes*

eis: *to them*

eo: *I go*

eram: *I was*

eramus: *we were*

erat: *was*

erimus: *we will be*

eris: *you will be*

ero: *I will be*

es: *you are*

esse: *to be*

est: *is*

et: *and*

eunt: *they go*

ex: *out of, from*

exclamant: *they shout*

exilio: *an exile*

F

fabula: *a story*

faciunt: *they make*

falce: *with a scythe*

falcem: *a scythe*

falx: *a scythe, a sickle*

familiam: *family*

fasti: *calendar*

festo: *festive*

festum: *festive*

festus: *festive*

fili: son

filia: *daughter*

filiae: *daughters*

filiam: *daughter*

filias: *daughters*

filii: *sons*

filios: *sons*

filius: *son*

flores: *flowers*

fortasse: *perhaps*

fortem: *strong, brave*

fortes: *strong, brave*

fortior: *stronger*

fortiora: *stronger*

fortis: *brave, strong*

fortiter: *bravely*

fracto: *broken*
frangerem: *I broke*
frater: *brother*
fratrem: *brother*
fratres: *brothers*
fruges: *fruits*
fulmen: *lightning bolt*
futuros: *future, in the future*

G
galea: *helmet*
galeam: *helmet*
gerunt: *they wear*
gigas: *a giant*

H
habent: *they have*
habeo: *I have*
habere: *to have*
habes: *you have*
habet: *she/he has*
hic, haec: *this*
hoc: *this*
homines: *men*
horribile: *horrible*
horribilia: *horrible*

horrifica: *scary*

I
iam: *now*
illa: *that, she*
ille: *that, he*
illi: *those, they*
immo: *rather*
immortales: *immortal*
immortalis: *immortal*
īmus: *we go*
in: *in, on*
infans: *infant, baby*
infantem: *infant, baby*
infantes: *infants, babies*
insanus: *insane*
insula: *island*
io!: *hail!*
Iovem: *Iuppiter*
ipsa: *herself*
ipsum: *himself, herself*
irata: *angry*
irati: *angry*
iratus: *angry*
it: *s/he goes*
Itali: *Italians*
Italia: *Italy*

itis: *you go*
iustitiam: *justice*
ivit: *she/he went*

L
laborant: *they work*
laeta, laetus: *happy*
laeti: *happy*
laetos: *happy*
laetus: *happy*
longum: *long*
ludebamus: *we played,*
used to play

M
magica: *magic*
magna: *big, large*
magnam: *big, large,*
magnum: *big large*
magnus: *big, large*
mala, malus: *bad*
mali: *bad*
malleum: *a hammer*
malus: *bad*
manu: *hand*
manūs: *hands*
marite: *husband*

mater: *mother*
me: *me*
mea, meus: *my*
meam: *my*
meas: *my*
medio: *middle*
mei: *of me, my*
melior: *better*
meos: *my*
meum: *my*
meus: *my*
mi: *my*
mihi: *to me, for me*
minime: *no, not in the*
least
miraculum: *a miracle*
miserabiles: *miserable*
mons: *mountain*
monstra: *monsters*
monstris: *monsters*
monstrum: *a monster*
monte: *mountain*
mortales: *mortals*
mortalis: *mortal*
mox: *soon*
multa: *many*
multae: *many*

multas: *many*
multi: *many*
multos: *many*

N
nata est/natus est: *was born*
neque: *and not, nor*
nesciēbam: *I didn't know*
nescit: *s/he doesn't know*
nihil: *nothing*
noli: *don't . . .*
nolo: *I don't want*
nomen: *name*
non: *not*
nos: *we, us*
noster: *our*
nutrix: *nurse*

O
oculos: *eyes*
oculum: *eye*
officina: *a workshop*
olim: *once*
omnes: *all, everyone*
omnia: *everything, all*

ordinarium: *ordinary*

P
parva: *small*
parvus: *small*
pater: *father*
pater: *father*
patrem: *father*
patris: *father's*
pax: *peace*
pictura: *picture*
pilleos: *hats, caps*
placēbat: *was pleasing to, "likes"*
placent: *are pleasing to, "likes"*
placet: *is pleasing to, "likes"*
poculo: *cup*
poculum: *cup*
posuit: *s/he placed*
posuit: *she/he placed*
prehendunt: *they grab, apprehend*
prehendi: *I grabbed, apprehended*
primum: *first*

priores: *earlier*

puer: *boy*

pugnā: *fight!*

pugnabant: *they were fighting*

pugnant: *they fight*

pugnavit: *she/he fought*

pugno: *I fight*

pulcher: *beautiful, handsome*

pulchra: *beautiful*

pulchrior: *more beautiful*

putabam: I was thinking

putabat: s/he was thinking

putant: *they think*

putas: *you think*

puto: *I think*

Q

quam: *than*

quartus: *the fourth*

quattuor: *four*

qui: *who*

quid: *what*

quintus: *fifth*

quis: *who*

quomodo: *how*

quoque: *also*

R

refert: *"matters," is a matter for concern*

regem: *king*

regina: *queen*

respondent: *they answer, respond*

respondit: *she/he answers, responds*

respondeo: *I answer, respond*

respondi: *I answered, responded*

respondit: *s/he answered, responded*

rex: *king*

ridiculum: *ridiculous*

S

sapiens: *wise, smart*

sapientes: *wise*

sapientior: *wiser*

saxum: *rock*

scio: *I know*

secreto: *secretly, in secret*
secretum: *secret*
secundam: *second*
sed: *but*
semper: *always*
servare: *to save*
sextum: *sixth*
sicut: *just as, like*
solum: *alone*
soror: *sister*
sorores: *sisters*
statua: *statue*
stomacho: *stomach*
sub: *under*
subito: *suddenly*
sum: *I am*
sume: *pick up*
sumo: *I pick up*
sumus: *we are*
sunt: *they are*
sursum: *up, upwards*
suspiciosus: *suspicious*

T
tam: *so*
tandem: *at last*
tam: *so*

tam . . . ut: *so . . . that*
tandem: *at last, finally*
te: *you*
tela: *weapons*
telum: *weapon*
templo: *temple*
templum: *temple*
terra: *earth, land*
terrae: *earth, land*
tertia: *third*
tibi: *to you, for you*
timidus: *frightened, afraid*
Titana: *a Titan*
Titani: *a Titan*
Titanos: *a Titan*
Tianus: *a Titan*
tres: *three*
tridens: *a trident*
tridentem: *a trident*
tristes: *sad*
tristis: *sad*
tu: *you*
tua: *your*
tuum: *your*
tuus: *your*

U

ubique: *everywhere*

unum: *one*

ut: *that*

uxor: *wife*

uxorem: *wife*

V

venenum: *poison*

venit: *comes, came*

victor: *the victor, winner*

victores: *winners*

videt: *she, he sees*

vide: *see! look!*

video: *I see*

videris: *you seem*

vides: *you see*

videt: *he sees*

vini: *of wine*

vino: *wine*

vinum: *wine*

vir: *man*

vis: *you want*

vocatur: *is called*

volebam: *I was wanting, used to want*

volo: *I want*

volunt: *they want*

vomit: *vomits, throws up*

vos: *you (plural)*

vulnerato: *wounded*

vulerna: *wounds*

vulnero: *I wound*

vultis: *you want*

About the author

Andrew Olimpi lives in Dacula, Georgia with his beautiful and talented wife, Rebekah, an artist, writer, and English teacher. When he is not writing and illustrating books, Andrew teaches Latin at Hebron Christian Academy in Dacula, Georgia. He holds a master's degree in Latin from the University of Georgia, and currently is working towards a PhD in Latin and Roman Studies at the University of Florida. He is the creator of the Comprehensible Classics series of Latin novellas aimed at beginner and intermediate readers of Latin.